L'autoévaluation et la détermination des objectifs
Deuxième édition

L'autoévaluation et la détermination des objectifs
Deuxième édition

Kathleen Gregory, Caren Cameron, Anne Davies
Préface par Heidi Andrade
Traduction par Josée Picard St-Louis

connect2learning, Courtenay, C-B, Canada

Titre original : Self-Assessment and Goal Setting
© 2011 Texte : Kathleen Gregory, Caren Cameron, Anne Davies
© 2011 Conception graphique du livre : Building Connections Publishing Inc.
© 2011 Préface : Heidi Andrade

Imprimé et relié au Canada par Hignell Printing Limited
21 20 19   7 6 5 4

Catalogage avant publication de Bibliothèque et Archives Canada

Gregory, Kathleen
[Self-assessment and goal setting. Français]
    L'autoévaluation et la détermination des objectifs / Kathleen Gregory, Caren Cameron, Anne Davies.

Traduction de : Self-assessment and goal setting.
Comprend des références bibliographiques.
ISBN 978-0-9867851-9-1 (couverture souple)

        1. Élèves–Auto-évaluation. 2. Éducation–Finalités. 3. Succès scolaire. I. Cameron, Caren, 1949-, auteur II. Davies, Anne, 1955-, auteur III. Titre. IV. Titre: Self-assessment and goal setting. Français

LB3051.G73 2011   373.126   C2011-902387-3

Chargée de projet : Judith Hall-Patch
Éditrice : Annalee Greenberg
Conception graphique : Mackenzie Duncan, Kelly Giordano, Pat Stanton

Pour commander des exemplaires supplémentaires du livre, veuillez communiquer avec :

CONNECT(2)LEARNING

2449D Rosewall Crescent
Courtenay, Colombie Britannique
V9N 8R9 Canada

Téléphone :
1-800-603-9888 (sans frais en Amérique du Nord)
1-250-703-2920
Télécopieur : 1-250-703-2921
Courriel : books@connect2learning.com

Dans le présent ouvrage, le masculin est utilisé sans discrimination, dans le seul but d'alléger le texte.

Remerciements :

Nous tenons à remercier tous les élèves, les parents et les éducateurs avec lesquels nous avons travaillé. Nous tenons également remercier Annalee Greenberg, notre éditrice, pour ses judicieuses questions et ses suggestions réfléchies.

Table des matières

Comment puis-je intégrer l'autoévaluation et la détermination d'objectifs dans mon horaire déjà chargé? /**59** Les élèves ne prennent pas l'autoévaluation au sérieux. Comment puis-je changer cette situation? /**59** Quelle est la différence entre l'autoévaluation formative et l'autoévaluation sommative? /**60** Comment utilise-t-on les données de l'autoévaluation formative en relation avec les notes? /**61** Pourquoi devrait-on se fixer des objectifs d'apprentissage personnels? /**61** Qu'arrive-t-il lorsque l'autoévaluation formative d'un élève diffère de mon évaluation? /**62** Puis-je aussi fixer des objectifs pour mes élèves? /**62** N'est-ce pas le travail de l'enseignant d'évaluer les élèves? /**63**

Préface

Vers quoi m'en vais-je? Comment vais-je m'y rendre? Où vais-je aller par la suite?

Une expérience ou un environnement idéal d'apprentissage se concrétise lorsque le personnel enseignant et les élèves cherchent la réponse à chacune de ces questions. Trop souvent, les enseignants restreignent les occasions des élèves de recevoir de l'information pertinente sur leur rendement, en lien avec l'une ou l'autre de ces questions, en assumant cette responsabilité pour les élèves... Les élèves, quant à eux, perçoivent trop souvent la rétroaction comme étant la responsabilité d'une autre personne, habituellement celle de l'enseignant, dont la tâche serait de fournir une rétroaction descriptive et de décider pour l'élève de son degré de réussite, des objectifs à atteindre et des prochaines étapes à entreprendre (Hattie et Timperley, 2007, p. 88, 101).

Une conception formatrice de l'évaluation tient compte du rôle crucial de la rétroaction descriptive dans le processus d'apprentissage. La recherche démontre clairement que la rétroaction peut favoriser l'apprentissage et le rendement (Bangert-Drowns, Kulik, Kulik et Morgan, 1991; Brinko, 1993; Butler et Wine, 1995; Crooks, 1988; Hattie et Timperley, 2007; Shute, 2008). Toutefois, la plupart des élèves reçoivent peu de rétroaction significative sur leur travail (Black et Wiliam, 1998). Le manque de rétroaction descriptive en classe vient du fait, en majeure partie, que peu d'enseignants ont le luxe de répondre individuellement aux travaux des élèves sur une base régulière. Heureusement, la recherche démontre également que les élèves peuvent être des sources utiles de rétroaction par l'entremise de l'autoévaluation (Andrade et Boulay, 2003; Andrade, Du et Wang, 2008; Ross, Rolheiser et Hogaboam-Gray, 1999). L'autoévaluation est un élément clé de l'évaluation formative, car elle incite l'élève à réfléchir sur la qualité de son propre travail plutôt que de s'en remettre uniquement au personnel enseignant en tant que source de jugement évaluatif.

L'autoévaluation est un processus d'évaluation formative par lequel l'élève est amené à réfléchir à la qualité de son travail, à juger celui-ci en fonction de l'atteinte des objectifs ou des critères établis, puis à apporter les révisions nécessaires. Ici, l'accent est placé sur le terme « formatif » : l'autoévaluation formative porte sur des ébauches ou des travaux en progression afin de nourrir les étapes de révision et d'amélioration; il ne s'agit pas, pour l'élève, de déterminer sa propre note. En contraste, l'autoévaluation sommative se rapporte à une approche où les élèves jugent et évaluent leur travail, parfois dans le but de contribuer à la note finale d'une tâche ou d'un travail. Toutefois, en raison de ce que nous savons sur la nature humaine ainsi que sur les conclusions des recherches, qui démontrent que les élèves ont tendance à gonfler les résultats de leurs autoévaluations sommatives lorsqu'ils sont conscients que les données influeront sur leur note finale (Boud et Falchikov, 1989), je souscris à une autoévaluation de type purement formatif.

Les principales raisons de susciter la participation des élèves dans ce type d'autoévaluation réfléchie, qui peut être introduite grâce à l'application progressive des techniques présentées dans ce livre, sont de faciliter l'apprentissage, d'améliorer le rendement et de promouvoir l'autorégulation, soit la capacité à contrôler et à gérer son propre apprentissage (Pintrich, 2000; Zimmerman et Schunk, 2004). La recherche suggère que l'autorégulation et le rendement sont intimement liés : les élèves qui se fixent des objectifs d'apprentissage personnels, élaborent des plans flexibles pour les atteindre et font le suivi de leurs progrès ont tendance à apprendre davantage et à mieux réussir à l'école que ceux qui ne le font pas. L'autoévaluation est un élément fondamental de l'autorégulation parce qu'elle implique une conscience accrue des objectifs liés à une tâche et permet de suivre les progrès vers leur aboutissement. C'est précisément ce que les élèves entreprennent lorsqu'ils s'engagent dans les stratégies d'autoévaluation et de détermination d'objectifs d'apprentissage personnels, des pratiques présentées respectivement aux chapitres 1 et 2. Grâce à celles-ci, l'autorégulation ainsi que le rendement peuvent s'accroître (Schunk, 2003).

Même si les plus jeunes élèves sont généralement en mesure d'évaluer la qualité de leur travail, ils ne le font pas toujours, vraisemblablement du fait qu'il leur manque une ou plusieurs des conditions requises. Afin qu'une autoévaluation efficace puisse être produite, il est nécessaire d'enseigner aux élèves comment s'autoévaluer et comment se fixer des objectifs d'apprentissage personnels. Afin de vivre cette expérience avec succès, Goodrich (1996) identifie les éléments suivants :

• Une compréhension de la valeur de l'autoévaluation;

• Un accès à des critères d'évaluation clairs sur lesquels fonder l'autoévaluation;

• Une tâche spécifique ou un rendement particulier à évaluer;

• Des modèles d'autoévaluation;

• Des instructions directes et un soutien adéquat quant au déroulement de l'autoévaluation;

- De la pratique, de l'entraînement;

- Des indications quant aux moments où il convient de recourir à l'autoévaluation;

- Des possibilités de réviser la tâche ou d'améliorer le rendement.

Cette liste de conditions peut sembler démesurée mais, comme le suggère cette deuxième édition du livre, l'autoévaluation des élèves est à la fois possible et réalisable. Plusieurs des conditions énumérées ci-dessus, y compris les modèles, les indices, les instructions directes ainsi que l'entraînement, sont des pratiques pédagogiques couramment utilisées en salle de classe. De plus, la deuxième condition – un accès à des critères d'évaluation clairs sur lesquels fonder l'évaluation – peut être remplie par l'introduction d'une grille d'évaluation du rendement ou d'une liste de contrôle (Andrade, 2000; Arter et Chappuis, 2007; Gregory, Cameron et Davies, 2011; Sadler, 1989).

Comme le révèle ce livre, il existe plusieurs façons d'impliquer les élèves dans les pratiques d'autoévaluation efficaces. En général, le processus englobe les trois étapes suivantes :

1. *La définition des attentes.* Les attentes liées à la tâche ou au rendement sont clairement définies, soit par l'enseignant, soit par l'élève ou, préférablement, par les deux de concert.

2. *L'autoévaluation.* Les élèves produisent des ébauches de la tâche, puis ils contrôlent leurs apprentissages et suivent leurs progrès en comparant celles-ci à une liste de critères ou à une grille d'évaluation du rendement.

3. *La révision.* Les élèves utilisent la rétroaction de leur autoévaluation pour réviser la tâche. Cette dernière étape est cruciale. Les élèves ont du discernement et ils ne s'autoévalueront efficacement que s'ils ressentent

que leurs efforts peuvent mener à de réelles possibilités de progrès et, par conséquent, d'amélioration de leurs notes finales.

Bien entendu, ce procédé en trois étapes peut s'enrichir par l'entremise de l'évaluation par les pairs et de la rétroaction du personnel enseignant. Toutefois, ces trois étapes à elles seules sont associées à une amélioration significative du travail des élèves (Andrade, 2010).

Les élèves ont tendance à s'approprier le processus d'autoévaluation fondée sur des critères ou sur une grille d'évaluation du rendement pour diverses raisons liées à l'accomplissement et à la motivation. Dans une étude réalisée auprès d'étudiants de premier cycle universitaire, Andrade et Du (2007) ont identifié six principales constatations :

1. L'attitude des étudiants à l'égard de l'autoévaluation avait tendance à s'améliorer au fil du temps, à mesure qu'ils acquéraient de l'expérience avec son utilisation.

2. Les étudiants s'estimaient capables de s'autoévaluer efficacement et étaient plus enclins à le faire lorsqu'ils connaissaient les attentes de l'enseignant.

3. L'autoévaluation impliquait la vérification du progrès, suivie de la révision et de la réflexion.

4. Les étudiants étaient d'avis que l'autoévaluation présentait de multiples avantages.

5. Les étudiants ont rapporté que le transfert du processus d'autoévaluation dans les autres cours, où les instructeurs ne soutenaient pas la pratique, donnait des résultats inégaux.

6. Il existait parfois une divergence entre les attentes du personnel enseignant et les propres normes de qualité des étudiants.

En général, les constats d'Andrade et Du (2007) reflètent les résultats d'une recherche menée par Ross, Rolheiser et Hogaboam-Gray (1998) sur l'impact du développement professionnel des enseignants sur l'attitude des élèves des cycles intermédiaire et secondaire relativement à l'autoévaluation, avec une exception de taille cependant : les élèves de cette dernière étude avaient tendance à développer une attitude de plus en plus négative à l'égard de l'autoévaluation au cours des huit semaines de l'intervention. De façon intéressante, l'autoévaluation des élèves comptait pour 5 % de leur note finale. Il n'était donc pas surprenant que les élèves expriment des préoccupations au sujet de l'équité du processus puisque la possibilité de gonfler les résultats finaux était réelle. Ces constats renforcent donc mon engagement pour ce qui concerne l'utilisation d'une autoévaluation strictement formative.

En résumé, le fait d'estomper les distinctions entre l'enseignement et l'évaluation en recourant à l'autoévaluation formative fondée sur une série de critères peut avoir un effet puissant sur l'apprentissage. L'effet peut se vivre à court terme grâce à l'impact direct de l'autoévaluation sur le rendement des élèves, en lien avec un travail ou une tâche donnée, mais il peut également se vivre à long terme, par le développement d'habiletés à s'autoréguler. J'encourage donc les éducateurs à utiliser les stratégies de ce livre afin de récolter les bienfaits de la détermination des objectifs d'apprentissage personnels et de l'autoévaluation formative, en vue d'assurer que les élèves reçoivent toute la rétroaction nécessaire, en temps opportun, pour apprendre et réussir.

Heidi Andrade
Professeure agrégée, Psychologie de l'éducation et méthodologie
Université d'État de New York, à Albany

Références

Andrade, H. (2010). Students as the definitive source of formative assessment: Academic self-assessment and the self-regulation of learning. Dans H. Andrade et G. Cizek (dir.), *Handbook of Formative Assessment.* New York, Routledge.

Andrade, H. (2000). Using rubrics to promote thinking and learning. *Educational Leadership,* 57(5), 13-18.

Andrade, H. et Boulay, B. (2003). Gender and the role of rubric-referenced self-assessment in learning to write. *Journal of Educational Research,* 97(1), 21-34.

Andrade, H. et Du, Y. (2007). Student responses to criteria-referenced self-assessment. *Assessment and Evaluation in Higher Education,* 32(2), 159-181.

Andrade, H., Du, Y. et Wang, X. (2008). Putting rubrics to the test: The effect of a model, criteria generation, and rubric-referenced self-assessment on elementary school students' writing. *Educational Measurement: Issues and Practices,* 27(2).

Arter, J. et Chappuis, J. (2007). *Creating and Recognizing Quality Rubrics.* Upper Saddle River, NJ, Pearson/Merrill Prentice Hall.

Bangert-Drowns, R. L., Kulik, C. C., Kulik, J. A. et Morgan, M. T. (1991). The instructional effect of feedback in test-like events. *Review of Education Research,* 61(2), 213–238.

Black, P. et Wiliam, D. (1998). Inside the black box: Raising standards through classroom assessment. *Phi Delta Kappan,* 80(2), 139-148.

Boud, D. et Falchikov, N. (1989). Quantitative studies of student self-assessment in higher education: A critical analysis of findings. *Higher Education,* 18, 529-549.

Brinko, L. T. (1993). The practice of giving feedback to improve teaching. *Journal of Higher Education,* 64(5), 574-593.

Butler, D. et Winne, P. (1995). Feedback and self-regulated learning: A theoretical synthesis. *Review of Educational Research,* 65(3), 245-281.

Crooks, T. (1988). The impact of classroom evaluation practices on students. *Review of Educational Research,* 58(4), 438-481.

Goodrich, H. (1996). Student self-assessment: At the intersection of metacognition and authentic assessment. Unpublished doctoral dissertation. Cambridge, MA, Harvard University.

Gregory, K., Cameron, C. et Davies, A. (2011). *Setting and Using Criteria,* coll. « Knowing What Counts », 2e éd. Courtenay, C.-B., Connections Publishing.

Hattie, J. et Timperley, H. (2007). The power of feedback. *Review of Educational Research,* 77(1), 81-112.

Pintrich, P. (2000). The role of goal orientation in self-regulated learning. Dans M. Boekaerts, P. Pintrich et M. Zeidner (dir.), *Handbook of Self-Regulation* (p. 452-502). San Diego, CA, Academic Press.

Ross, J. A., Rolheiser, C. et Hogaboam-Gray, A. (1999). Effects of self-evaluation training on narrative writing. *Assessing Writing,* 6(1), 107-132.

Ross, J. A., Rolheiser, C. et Hogaboam-Gray, A. (1998). Skills-training versus action research in-service: Impact on student attitudes to self-evaluation. *Teaching and Teacher Education,* 14(5), 463-477.

Sadler, D. R. (1989). Formative assessment and the design of instructional systems. *Instructional Science,* 18, 119–144.

Schunk, D. (2003). Self-efficacy for reading and writing: Influence of modeling, goal-setting, and self-evaluation. *Reading & Writing Quarterly,* 19(2), 159-172.

Shute, V. (2008). Focus on formative feedback. *Review of Educational Research,* 78(1), 153-189.

Zimmerman, B. et Schunk, D. (2004). Self-regulating intellectual processes and outcomes: A social cognitive perspective. Dans D. Dai et R. Sternberg (dir.), *Motivation, Emotion, and Cognition: Integrative Perspectives on Intellectual Functioning and Development* (p. 323-349). Mahwah, NJ, Erlbaum.

Introduction

Dans cet ouvrage, nous exposons des façons d'impliquer les élèves dans le processus d'autoévaluation formative et de détermination d'objectifs d'apprentissage personnels, puis nous offrons des réponses aux questions courantes que posent les élèves, le personnel enseignant et les parents. Ainsi, au chapitre 1, nous présentons dix activités d'autoévaluation pour les élèves. Pour chacune de ces activités, nous explorons des façons de présenter le concept aux élèves, des manières de débuter le processus et diverses possibilités de s'exercer. Au chapitre 2, nous décrivons comment la détermination des objectifs est un prolongement logique de l'autoévaluation formative. Au chapitre 3, nous offrons des réponses à certaines préoccupations et questions fréquentes.

Vous remarquerez que les exemples fournis concernent des contextes et des disciplines spécifiques. Toutefois, ceux-ci peuvent facilement être adaptés à toutes les matières d'enseignement. Nous vous invitons donc à choisir les idées qui vous intéressent, puis à les adapter plutôt qu'à les adopter afin qu'elles répondent à vos besoins et à ceux de vos élèves.

1. L'autoévaluation

En quoi consiste une autoévaluation?

Il existe plusieurs façons dont les élèves peuvent évaluer leurs propres travaux. Les élèves sont impliqués dans un processus d'autoévaluation lorsque, par exemple, ils :

- discutent avec leur enseignant d'un projet en sciences pour expliquer ce qu'ils tentent d'accomplir;

- exposent à un partenaire comment ils sont arrivés à une solution en mathématiques;

- écrivent une entrée de journal à la fin d'une leçon pour noter ce qu'ils ont appris et quelles questions ils se posent encore;

- choisissent, en fonction d'une série de critères d'évaluation, un écrit particulier à insérer dans leur portfolio;

- résument, dans leur cahier de notes, les éléments essentiels à l'étude pour le prochain jeu-questionnaire de français.

Certaines activités d'autoévaluation ne prennent que quelques minutes tandis que d'autres sont plus complexes et comprennent une série d'étapes variées. Nous avons organisé les activités d'autoévaluation de ce livre en trois catégories :

- *Arrêt et réflexion* : Les élèves évaluent leurs travaux en prenant le temps de s'arrêter et de réfléchir à leur propre apprentissage.

- *Recherche de preuves* : Les élèves vont au-delà des activités d'arrêt et de réflexion; ils sélectionnent un échantillon de travail servant de preuve d'apprentissage et commentent leur travail.

- *Association aux critères* : Les élèves évaluent leurs travaux en fonction des critères d'évaluation établis pour la tâche ou le projet et recueillent les preuves démontrant l'atteinte des critères.

Comment l'autoévaluation appuie-t-elle l'apprentissage?

Lorsque les élèves s'autoévaluent, ils *développent une meilleure compréhension* de leur propre apprentissage. Plutôt que de s'en remettre uniquement à la rétroaction descriptive d'une seule personne – leur enseignant – et de poser des questions telles que « Est-ce correct? », « Est-ce assez long? », « Est-ce bien ce que tu demandes? », les élèves commencent à *contrôler* leur propre apprentissage et à déterminer les sections du travail qui satisfont aux critères établis et celles qui nécessitent plus d'attention.

Lorsque les élèves sont impliqués dans l'autoévaluation, ils se donnent de façon régulière et immédiate une *rétroaction descriptive* leur permettant d'orienter leur apprentissage. Ils participent ainsi plus activement au programme-cadre, qui pourrait autrement sembler dépourvu de lien avec leur vie et leurs expériences personnelles.

Comment l'autoévaluation appuie-t-elle les enseignants?

Lorsque les élèves sont impliqués dans le processus d'autoévaluation, les enseignants peuvent observer les écarts entre ce qu'ils ont enseigné et ce que les élèves ont appris. En recueillant les autoévaluations des élèves, le personnel enseignant enrichit, en profondeur et en diversité, les données recueillies qui reflètent l'apprentissage des élèves. Les enseignants vont ainsi au-delà du regard sur les productions et incorporent les réflexions des élèves au sujet de leur propre apprentissage, en tant qu'élément central de la cueillette de l'information.

De plus, lorsque le personnel enseignant accorde régulièrement du temps pour l'autoévaluation, les élèves ont le temps d'assimiler de nouvelles informations. En accordant aux élèves le temps nécessaire pour vivre des activités d'arrêt et de réflexion afin de recueillir les preuves et d'associer leurs travaux aux critères, cela permet à l'enseignant de modérer le rythme de l'enseignement afin qu'il s'harmonise au rythme d'apprentissage des élèves. Ces derniers ont alors l'occasion de réfléchir à leurs propres apprentissages et de les consolider avant de progresser vers de nouveaux sujets et d'aborder d'autre matériel du programme-cadre.

Les activités d'arrêt et de réflexion

Dans cette section, nous décrivons trois activités d'autoévaluation qui demandent aux élèves de prendre un temps d'arrêt et de réfléchir à leur apprentissage. Chacune des activités est engageante et de courte durée et exige peu de préparation de la part du personnel enseignant. Les activités sont conçues pour :

- aider les élèves à développer des habiletés de réflexion en lien avec leur apprentissage;

- fournir de l'information aux enseignants afin qu'ils puissent déceler les écarts entre ce qu'ils ont enseigné et ce que les élèves ont appris;

- accorder aux élèves un temps de traitement afin d'assimiler les nouvelles informations et le nouveau matériel transmis.

LES PHRASES AMORCES ET LES INDICES

Les élèves complètent des phrases amorces qui les guident et les encouragent à réfléchir sur ce qu'ils ont appris.

Présentez le but de l'activité au groupe-classe :

« Il est important de s'arrêter de temps à autre afin de réfléchir à notre apprentissage. Lorsque nous nous arrêtons pour profiter d'un moment de réflexion, nous donnons le temps à notre cerveau de traiter et d'organiser les nouvelles idées. Je vais donc prévoir du temps afin que nous puissions vivre des activités de ce genre en classe. »

Le contexte de cet exemple est le visionnement d'une vidéo en classe.

1. Après le visionnement d'une vidéo, consignez les deux énoncés suivants au tableau : « La partie que j'ai le plus aimée » et « La partie que j'ai le moins aimée ».

2. Invitez quelques volontaires à répondre oralement à l'un des deux énoncés.

3. Demandez ensuite aux élèves de répondre par écrit, dans leur carnet de notes, à l'un des énoncés ou aux deux.

4. Accordez un temps de partage entre élèves.

Fournissez aux élèves des occasions de s'exercer :

- Demandez aux élèves de choisir des énoncés tirés de la liste de la classe (voir la figure 1) et de les utiliser comme phrases amorces.

- Invitez les élèves à préparer un carnet d'arrêt et de réflexion (voir la figure 2) dans lequel ils auront noté au préalable, sur chaque page, un énoncé différent tiré de cette liste. Ils pourront choisir l'un ou l'autre de ces énoncés afin de formuler leur réponse lorsqu'une réflexion sera requise.

– La partie que j'ai le plus aimée...

– Ce qui était source de confusion...

– Deux choses que j'ai apprises...

– Une question que je me pose...

– J'ai été surpris / surprise...

– Je savais déjà que...

– Un élément que je connais, mais qui n'a pas été mentionné est...

– J'aimerais en savoir davantage au sujet de...

Figure 1 : Liste de la classe

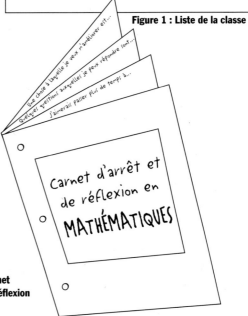

Figure 2 : Carnet d'arrêt et de réflexion

LES SYMBOLES DANS LA MARGE*

Les élèves inscrivent des symboles ou des énoncés dans les marges de leur cahier de notes afin d'indiquer à l'enseignant et à eux-mêmes les éléments qu'ils trouvent faciles ou difficiles.

Présentez le but de l'activité au groupe-classe :

> « J'ai besoin de savoir ce que vous comprenez bien et ce que vous comprenez moins bien. De cette façon, je saurai ce qu'il convient de réviser et ce sur quoi il faut s'attarder en classe. Pour le découvrir, je vais vous demander d'inscrire certains symboles dans la marge de vos cahiers de notes pour me faire savoir ce que vous maîtrisez et ce dont vous n'êtes pas encore certains. L'inscription de ces symboles dans la marge vous aide également à savoir sur quoi vous devez consacrer plus de temps et déployer plus d'énergie. »

Le contexte de cet exemple est un exercice de mathématiques.

1. À l'aide d'un rétroprojecteur ou d'un tableau blanc interactif, projetez un exemplaire du jeu-questionnaire que les élèves viennent de faire (mais qu'ils n'ont pas encore remis à l'enseignant).

2. Indiquez aux élèves que vous avez identifié les trois questions que vous pensiez être les plus difficiles (D) et trois questions que vous pensiez être faciles (F). Montrez vos choix aux élèves en les marquant d'un « D » ou d'un « F ».

3. Demandez aux élèves de discuter avec un camarade de classe afin de déterminer s'ils sont d'accord ou non avec vos choix.

4. Invitez les élèves à annoter leur propre copie et à inscrire un « D » ou un « F » dans la marge devant les questions qu'ils ont jugées difficiles ou faciles.

5. Recueillez les feuilles d'exercices, puis identifiez les tendances à partir des symboles qui y sont inscrits.

---

* Adaptation de *Thinking in the Classroom,* ministère de l'Éducation de la Colombie-Britannique (1991), Victoria, Colombie-Britannique.

6. Lors de la prochaine leçon, faites connaître aux élèves les résultats de votre analyse des symboles inscrits dans la marge, puis indiquez-leur les questions et les concepts qui nécessiteront une révision.

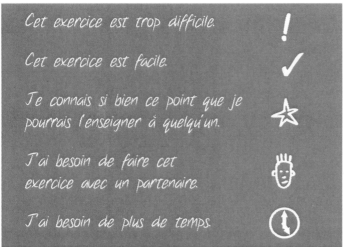

Figure 3 : Symboles du groupe-classe

Fournissez aux élèves des occasions de s'exercer :

- Invitez le groupe-classe à élaborer une série de symboles ou d'énoncés que les élèves pourront utiliser pour faire connaître leurs pensées au sujet de leur apprentissage, tels que : « Cet exercice est trop difficile », « Cet exercice est facile », « Je connais si bien ce point que je pourrais l'enseigner à quelqu'un », « J'ai besoin de faire cet exercice avec un partenaire », « J'ai besoin de plus de temps » (voir la figure 3).

- Avant d'aborder la matière d'une nouvelle unité d'études, donnez du temps aux élèves pour qu'ils inscrivent les symboles dans la marge de l'aperçu général de l'unité en question. Par la suite, lorsque l'unité est terminée, invitez les élèves à inscrire de nouveaux symboles dans la marge, en changeant la couleur du stylo, afin qu'ils visualisent les changements survenus dans leur apprentissage (voir la figure 4).

- Accordez régulièrement du temps aux élèves afin qu'ils puissent consigner leurs réflexions dans les marges de leurs cahiers de notes, de leurs tests, de leurs feuilles de travail et de leurs autres travaux. Encouragez-les à laisser les feuilles pourvues de symboles bien en vue sur leur pupitre, de façon à ce que vous puissiez circuler dans la classe et voir en un coup d'œil où les élèves éprouvent de la difficulté.

Unité d'études : La poésie

Nous allons lire et rédiger diverses formes de poésie. Voici la liste de ce que nous allons étudier dans les prochaines leçons de cette unité.

Formes de poésie	Début de l'unité Date: _15 octobre_	Fin de l'unité Date: _____
Haïku	✓	
Quintil	?	
Diamant	?	
Ballade	?	
Limerick	W	
Poème concret	W	
Acrostiche	☆	
Poème trouvé	?	
Poème en vers libres	?	
Poème biographique	?	

Légende des symboles :

? Je ne connais pas cette forme.

✓ J'ai déjà lu cela.

W J'ai déjà rédigé un poème de ce genre.

☆ J'aime cela.

Figure 4 : Symboles pour une unité d'études

LES CARTES DE RÉFLEXION

Les élèves réfléchissent sur le sujet à l'étude en notant leurs idées et leurs questions sur une carte ou un morceau de papier qui pourra être remis à l'enseignant.

Présentez le but de l'activité au groupe-classe :

« Vous êtes invités à réfléchir à plusieurs sujets durant les heures de classe. Vous pouvez débuter la journée en pensant au français, ensuite aux mathématiques, puis aux sciences. Votre cerveau doit sans cesse et rapidement changer de perspective. Afin de vous aider à vous concentrer sur ce que vous étudiez en classe, sur vos questions et sur ce que vous avez appris, je vais vous demander d'inscrire vos idées sur des cartes de réflexion. Parfois, je distribuerai ces cartes en début de période, d'autres fois, pendant la classe ou à la fin de la période. Je les recueillerai, puis je les lirai. J'utiliserai l'information qui s'y trouve afin de déterminer les éléments à revoir ou sur lesquels je dois consacrer plus de temps. »

Le contexte de cet exemple est une leçon de sciences.

1. Demandez aux élèves de lire une section de leur texte.

2. À la fin de la période de lecture, distribuez la carte de réflexion intitulée « Le point qui porte à confusion » (voir la figure 5). Demandez aux élèves d'y inscrire une question portant sur un élément qu'ils ne comprennent pas ou qui n'est pas clair pour eux, un élément qui porte à confusion, ou un point sur lequel ils désirent recevoir plus d'information.

3. Invitez les élèves à écrire leur nom sur la carte de réflexion s'ils souhaitent obtenir une réponse personnelle à leur question.

4. Recueillir les cartes de réflexion.

5. À la fin de la classe, prenez le temps de trier les cartes selon les différentes catégories de questions.

Figure 5 : Carte de réflexion –
Le point qui porte à confusion
Document reproductible en annexe, page 68

Le point qui porte à confusion

Le point qui porte à confusion pour
la leçon d'aujourd'hui
est :
Comment est-ce que les feuilles produisent de la nourriture pour la plante ?

Adaptation d'Angelo et Cross (1993)

6. Lors de la leçon suivante, indiquez aux élèves que leur carte de réflexion vous ont aidé à déterminer ce qu'ils ont compris et ce qu'ils ont moins bien saisi lors de la lecture du texte, puis clarifiez les points qui ont porté à confusion par l'entremise de discussions, d'exemples concrets ou d'une révision de la matière.

7. Redonnez les cartes de réflexion munies d'une réponse seulement aux élèves qui les ont signées.

Fournissez aux élèves des occasions de s'exercer :

- Au début de la leçon, donnez aux élèves la carte de réflexion intitulée « Ce dont je me souviens ». Demandez-leur d'énumérer trois éléments enseignés à la leçon précédente dont ils se souviennent (voir la figure 6). En groupe-classe, dressez une liste de ces éléments.

- Environ 10 minutes avant la fin d'une période, distribuez la carte de réflexion intitulée « Billet de sortie ». Demandez aux élèves de remplir la carte et de vous la remettre en sortant de la classe. À la fin de la journée, examinez les cartes afin d'identifier les éléments de la leçon qui portent encore à confusion et les questions qui devront être abordées lors de la prochaine rencontre (voir la figure 7).

Ce dont je me souviens

Énumère trois éléments de la dernière leçon dont tu te souviens :

- Mélanger les ingrédients secs ensemble.
- Faire un creux dans le milieu.
- Ajouter tous les liquides en même temps.

Adaptation d'Angelo et Cross (1993)

Figure 6 : Carte de réflexion – Ce dont je me souviens

Figure 7 : Carte de réflexion – Billet de sortie

Documents reproductibles en annexe, page 68

Billet de sortie

Deux notions apprises :

- Ce que sont les angles droits
- Comment mesurer un angle

Une question que je me pose :

- Quelle est la plus grande mesure possible pour un angle?

- Distribuez la carte intitulée « Toile d'un mot » à un certain moment durant une leçon (par exemple, durant le visionnement d'un film, après la lecture d'un chapitre de livre ou d'une pièce de théâtre, ou suite à une mini-leçon), puis indiquez un mot clé à inscrire au centre de la toile. Invitez ensuite les élèves à relier les idées importantes autour de ce mot (voir la figure 8). Recueillez les cartes afin d'identifier quelles sont les idées importantes selon les élèves et afin de déterminer ce qui devrait être abordé à nouveau en classe.

- Invitez les élèves à inscrire leur nom sur les cartes de réflexion seulement s'ils ont une question à laquelle ils souhaiteraient obtenir une réponse en privé. Dites-leur que vous leur présenterez la réponse lors de la prochaine leçon.

Adaptation d'Angelo et Cross (1993)

Figure 8 : Carte de réflexion – Toile d'un mot
Document reproductible en annexe, page 68

Les activités de recherche de preuves

Dans cette section, nous décrivons une série de trois activités d'autoévaluation, qui vont au-delà des activités d'arrêt et de réflexion. Nous demandons aux élèves de présenter des preuves de leurs réflexions et de leurs idées. Lorsque les élèves recueillent ces diverses preuves, ils rendent leur apprentissage visible, pour eux-mêmes et pour les autres. Ils démontrent le progrès accompli dans leurs apprentissages et utilisent ces preuves comme des points de départ pour susciter des conversations à propos de cet apprentissage.

LES CARTES DE PREUVES

Le personnel enseignant fournit aux élèves une carte où est inscrit un mot ou un énoncé tel que « Mon préféré » ou « Amélioration », qui sert à formuler une réflexion se rapportant à un travail. Parmi leurs travaux, les élèves choisissent un exemple qui constitue une preuve du mot ou de l'énoncé en question. Par la suite, ils fournissent des raisons pour justifier leur choix.

Présentez le but de l'activité au groupe-classe :

> « Il est facile de *dire* que nous pouvons faire quelque chose. Il est par contre plus difficile de *montrer des preuves* tangibles de ce que nous sommes vraiment capables d'accomplir. Par exemple, il est plus facile de dire que vous savez comment multiplier les entiers que de démontrer que vous le pouvez. Je vais vous accorder du temps en classe pour que vous puissiez vous exercer à repérer les preuves spécifiques de votre apprentissage, de sorte que vous et moi aurons une idée précise de ce que vous pouvez accomplir. »

Le contexte de cet exemple est une classe de français.

1. Écrivez les énoncés suivants au tableau :

   - un travail qui représente votre élément préféré

   - un travail que vous avez trouvé difficile à faire

   - une tâche que vous et un partenaire avez réussie en collaboration

   - un travail qui a du potentiel

2. Veillez à ce que chaque élève choisisse un exemple tiré de leurs propres travaux et qui illustre l'un des énoncés du tableau.

3. Invitez les élèves à partager avec un partenaire ce qu'ils ont choisi.

4. Demandez aux élèves de noter le mot souligné de l'énoncé (par exemple, *préféré, difficile, collaboration, potentiel*) sur un morceau de papier, puis de l'attacher au travail choisi. Ensuite, demandez-leur d'écrire la ou les raisons qui ont motivé le choix de ce travail (voir la figure 9).

5. Invitez quelques volontaires à partager un exemple avec la classe et à indiquer les raisons de leur choix.

Figure 9 : Carte de preuves
Document reproductible en annexe, page 70

Mon préféré

Ce travail est mon préféré parce que ce genre de poème a été plaisant à écrire. Merci de remarquer l'originalité des poèmes.

Date : le 21 octobre   Signature : Suzanne K.

Fournissez aux élèves des occasions de s'exercer :

- Donnez aux élèves une variété de cartes de preuves parmi lesquelles ils peuvent choisir, puis encouragez-les à élaborer leurs propres cartes (voir la figure 10).

- Invitez les élèves à partager leur travail avec les autres (y compris leurs pairs et leurs parents).

- Demandez aux élèves d'insérer des échantillons de travaux munis de cartes de preuves dans leur portfolio.

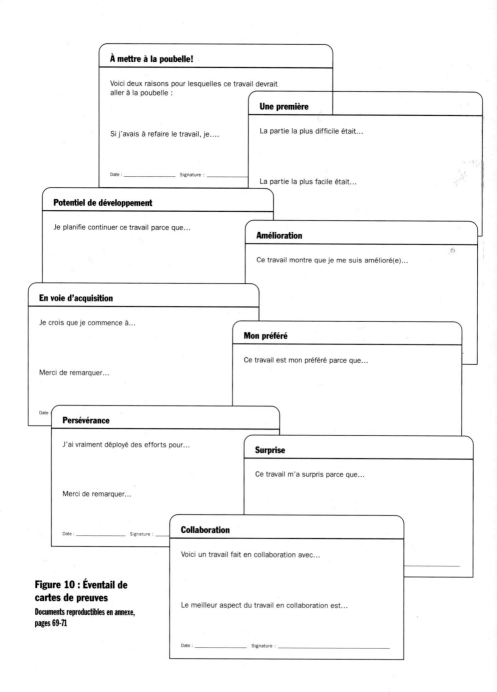

À mettre à la poubelle!

Voici deux raisons pour lesquelles ce travail devrait aller à la poubelle :

Si j'avais à refaire le travail, je....

Date : _____ Signature : _____

Une première

La partie la plus difficile était...

La partie la plus facile était...

Potentiel de développement

Je planifie continuer ce travail parce que...

Amélioration

Ce travail montre que je me suis amélioré(e)...

En voie d'acquisition

Je crois que je commence à...

Merci de remarquer...

Date

Mon préféré

Ce travail est mon préféré parce que...

Persévérance

J'ai vraiment déployé des efforts pour...

Merci de remarquer...

Date : _____ Signature :

Surprise

Ce travail m'a surpris parce que...

Collaboration

Voici un travail fait en collaboration avec...

Le meilleur aspect du travail en collaboration est...

Date : _____ Signature : _____

Figure 10 : Éventail de cartes de preuves
Documents reproductibles en annexe, pages 69-71

LES PREUVES : AVANT ET APRÈS

Les élèves examinent leur apprentissage au fil du temps en sélectionnant des exemples spécifiques montrant des preuves de leur progrès au cours du trimestre.

Présentez le but de l'activité au groupe-classe :

> « Il est important que vous puissiez observer les progrès que vous faites dans cette classe. Lorsque vous pouvez identifier ces changements, vous pouvez vraiment voir ce que vous devez continuer de faire et ce que vous devez accomplir pour vous améliorer. Je vais vous accorder du temps en classe afin que vous puissiez revoir les travaux que vous avez faits et voir comment vous vous êtes améliorés. Vous pourrez ainsi identifier les composantes sur lesquelles vous devez encore déployer des efforts. »

Le contexte de cet exemple est une classe de français où les élèves ont rédigé, depuis le début de l'année, des entrées concernant leurs lectures dans leur journal de lecture.

1. Demandez aux élèves de sélectionner une entrée de journal écrite au début du trimestre et d'identifier cette page au moyen d'une étiquette autocollante.

2. Demandez aux élèves de sélectionner une seconde entrée de journal écrite récemment et dont ils sont satisfaits, puis d'identifier cette page au moyen d'une seconde étiquette autocollante.

3. Invitez les élèves à remplir une feuille de preuves « Avant et Après » (voir la figure 11).

4. Offrez la possibilité aux élèves de montrer leur feuille « Avant et Après » à un partenaire.

Figure 11 : Feuille de preuves : Avant et Après

Document reproductible en annexe, page 72

Nom : .... Date : ....
J'avais l'habitude de :
Et maintenant je :

Remerciements à Kenneth Koch.

Fournissez aux élèves des occasions de s'exercer :

- Accordez régulièrement aux élèves des occasions de répéter le même genre d'activité durant le trimestre ou durant l'année scolaire de façon à ce qu'ils puissent recueillir et comparer divers exemples d'activités semblables (voir la figure 12).

- Demandez aux élèves d'élaborer une toile organisationnelle au début d'une unité d'études afin de montrer ce qu'ils savent sur un sujet avant de l'étudier. À la fin de l'unité, invitez les élèves à revoir leur toile en ajoutant, d'une couleur différente, les nouveaux apprentissages (voir la figure 13a).

Nom : Élizabeth W.   Date : le 8 janvier

Journal de lecture autonome

J'avais l'habitude de :

- passer trop de temps à redire ce qui s'était passé dans l'histoire.
- rédiger environ 4 lignes.

Et maintenant je :

- partage mes réflexions à propos des personnages et mes sentiments envers ceux-ci.
- rédige presque une page.

Figure 12 : Comparaison de deux entrées de journal de lecture

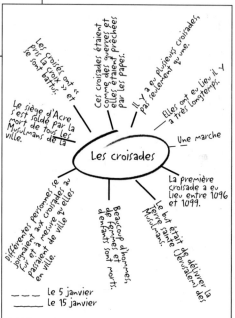

Figure 13a : Exemple de toile organisationnelle

Les croisades

Les croisades ont « pris la Croix » et se sont battus.

Ces croisades étaient comme des guerres et elles étaient prêchées par les papes.

Il y a eu plusieurs croisades, pas seulement qu'une.

Elles ont eu lieu il y a très longtemps.

Le siège d'Acre s'est soldé par la mort de tous les Musulmans de la ville.

Une marche

La première croisade a eu lieu entre 1096 et 1099.

Différentes personnes se joignaient aux croisades au fur et à mesure qu'elles passaient de ville en ville.

Beaucoup d'hommes, de femmes et d'enfants sont morts.

Le but était de délivrer la Terre sainte (Jérusalem) des Musulmans.

_ _ _ _ le 5 janvier
_____ le 15 janvier

- Avant de commencer une nouvelle unité d'études, donnez une grande feuille de papier vierge (11" X 17") aux élèves. Demandez à ceux-ci d'y inscrire, au moyen de mots, de schémas, de dessins, tout ce qu'ils pensent connaître sur le sujet. Ramassez ces feuilles. Au milieu de l'unité, redonnez les feuilles aux élèves afin qu'ils puissent y ajouter, en utilisant un stylo d'une autre couleur, les nouveaux apprentissages qu'ils ont faits. À la fin de l'unité, répétez le processus (voir la figure 13b).

Ce que je connais à propos des fractions

le 17 avril – Les fractions sont ½ ¼ 1/10 2/17 5/20

Ceci est une fraction ➤

– Les morceaux de pizza sont des fractions.

– Les fractions peuvent être représentées par des chiffres ou des mots comme ½, une demie, 3/8, trois huitièmes.

le 26 avril – C'est facile d'additionner les fractions (½ + 1/3), et on peut aussi les soustraire.

– 1/2 est plus petit que 1 : les fractions sont plus petites que les « vrais nombres ».

– Dans les fractions impropres, le numérateur est plus grand que le dénominateur (20/2).

– Ces fractions sont équivalentes : ½ = 2/4

le 5 mai – Les fractions peuvent se composer de nombres entiers et de fractions : 3 ½ ou 1 2/5, et les nombres décimaux sont comme des fractions parce que 0,5 = 1/2.

– Lorsqu'on additionne ou qu'on soustrait des fractions, le dénominateur doit être le même.
Changer 2/8 = 10/40
+ 2/10 = 8/40
Maintenant additionner

le 5 mai

Merci de remarquer que j'ai appris à diviser et à soustraire les fractions.

Maintenant, je sais que les fractions sont comme les décimales.

Figure 13b : Montre ce que tu connais

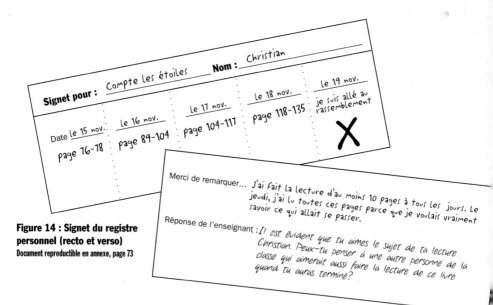

**Figure 14 : Signet du registre
personnel (recto et verso)**
Document reproductible en annexe, page 73

LES REGISTRES PERSONNELS

Les élèves conservent des notes individuelles sur ce qu'ils accomplissent et apprennent afin de montrer leurs progrès et leur croissance personnelle au fil du temps. Ils utilisent ces registres personnels comme preuves d'apprentissage.

Présentez le but de l'activité au groupe-classe :

> « Plusieurs personnes dans le monde des sports conservent des registres de leurs performances. Les nageurs, par exemple, gardent des registres de leur temps de natation pour déterminer comment ils s'améliorent et pour analyser comment ils peuvent continuer à s'améliorer. Pour vous, le fait de prendre conscience de vos améliorations à l'école contribue à développer votre confiance. Je vais donc vous accorder du temps en classe pour consigner des notes personnelles afin que vous puissiez garder des traces de vos apprentissages. »

Le contexte de cet exemple est une classe de français.

1. Donnez un signet de lecture aux élèves afin qu'ils puissent indiquer, au cours de la semaine, les pages lues durant les périodes de lecture autonome.

2. Accordez du temps chaque jour aux élèves pour qu'ils puissent noter les pages qu'ils ont lues.

3. À la fin de la semaine, demandez aux élèves d'écrire, au verso du signet, un ou quelques brefs commentaires dans l'espace réservé à cet effet.

4. Recueillez les signets des élèves (voir la figure 14) et rédigez une brève réponse en mettant l'accent sur les progrès individuels.

5. Continuez le procédé à chaque semaine afin d'encourager les élèves à prendre l'habitude de conserver des registres personnels.

Fournissez aux élèves des occasions de s'exercer :

- Demandez aux élèves de conserver des traces de leurs apprentissages par l'entremise de graphiques, d'un calendrier ou d'un jeu-questionnaire (voir les figures 15a et 15b).

- Invitez les élèves à rédiger un résumé de leurs apprentissages fondé sur les notes de leur registre personnel.

- Suggérez diverses façons dont les élèves peuvent partager leurs registres personnels avec leur entourage (par exemple : en incluant les registres dans leur portfolio et en les présentant à la rencontre des parents).

Registre pour les jeux-questionnaires

Nom : _Deanna L._ Trimestre : _1_

Subject _Français 8_

Date	Sujet du quiz	Score	Commentaires
le 15 sept.	Vocabulaire — transport	12/15	J'ai trouvé le jeu-questionnaire facile.
le 27 sept.	Verbes en « ER »	4/15	Je DÉTESTE les verbes!
le 10 oct.	Unité 1	32/40	Tu ne nous as pas dit sur quels éléments le test allait porter.

Note d'information sommaire

Signature : _____

Date : _____

Figure 15a : Registre pour les jeux-questionnaires
Document reproductible en annexe, page 74

Registre de : *Les livres lus durant le mois*

septembre

		1 Le pont de Thérabithia (Katherine Patterson)	2	3	4	5
6	7 La chanson de Dicey (Cynthia Voight)	8	9	10 Julie des Loups (Jean George)	11	12
13	14 Magazine jeunesse, p. 17-21	15	16 Les jeux d'Égypte (Z Snyder)	17	18	19
20	21	22	23 Le Bus 666 (Colin Thibert)	24 L'univers des jeunes 10 pages	25	26
27	28	29	30			

Merci de remarquer que : *Je préfère les livres de fiction. Je ne sais pas exactement le nombre de pages que j'ai lues, mais je crois que c'est approximativement 600 pages.*

Figure 15b : Registre au format calendrier

Les activités d'association aux critères

Dans cette section, nous décrivons quelques activités d'autoévaluation qui demandent aux élèves d'examiner leurs travaux en fonction d'une série de critères d'évaluation. En connaissant les critères d'évaluation associés à un travail ou à un projet, les élèves se concentrent sur les compétences et les apprentissages que décrivent ces critères. Ils réfléchissent à leur apprentissage *avant* de remettre leurs travaux et prennent une part active au processus d'évaluation afin de devenir plus responsables à l'égard de leur apprentissage.

ACQUIS, EN VOIE D'ACQUISITION

Les élèves évaluent leurs travaux en fonction d'une série de critères et déterminent s'ils satisfont ou non à ceux-ci. Les élèves doivent être en mesure de présenter des preuves qui attestent de leur apprentissage ou d'en discuter.

Présentez le but de l'activité au groupe-classe :

> « Lorsque vous aurez terminé un travail, je vais vous demander de regarder attentivement celui-ci en relation à la série de critères d'évaluation établis afin que vous puissiez y apporter les changements et les améliorations nécessaires pour satisfaire aux critères. En accomplissant ceci, vous avez l'occasion de vous arrêter avant de rendre votre travail et de voir ce que vous avez oublié ou ce que vous pourriez améliorer. »

Le contexte de cet exemple est une leçon de rédaction.

1. Écrivez au tableau les critères d'évaluation (préalablement coconstruits avec les élèves ou développés par l'enseignant) en lien avec la rédaction d'un paragraphe descriptif.

2. Donnez à chaque équipe de deux élèves un exemple d'un paragraphe descriptif qui satisfait à tous les critères d'évaluation (un exemple que vous avez créé ou que vous avez conservé d'une année antérieure).

3. Demandez aux élèves d'encercler les preuves spécifiques pour chaque critère.

4. À côté de la série de critères écrite au tableau, ajoutez deux colonnes.

5. Intitulez une des colonnes « Acquis » et l'autre, « En voie d'acquisition » (voir la figure 16).

6. Demandez à des volontaires d'identifier quels critères seront cochés dans la colonne « Acquis » et « En voie d'acquisition ».

7. La prochaine fois que la classe se regroupe, invitez les élèves à sélectionner une de leur propre rédaction d'un paragraphe descriptif.

8. Distribuez une feuille sur laquelle sont inscrits les critères d'évaluation établis ainsi que les colonnes « Acquis » et « En voie d'acquisition » (voir la figure 17).

9. Demandez aux élèves d'encercler ou de surligner les preuves spécifiques de leur travail et d'insérer un crochet dans la colonne appropriée du tableau.

Critères d'évaluation pour un paragraphe descriptif	Acquis	En voie d'acquisition
− A une phrase d'introduction		
− Utilise des mots descriptifs qui « démontrent » plutôt que simplement « dire ».		
− A une phrase de conclusion		

Figure 16 : Critères d'évaluation avec colonnes « Acquis » et « En voie d'acquisition »

10. Invitez les élèves à parler en groupe-classe de leurs découvertes au sujet de leur propre écriture.

11. Accordez du temps aux élèves afin qu'ils puissent apporter des changements ou des améliorations s'ils n'ont pas encore atteint les critères d'évaluation établis.

12. Demandez aux élèves de remettre leur paragraphe accompagné de la feuille de critères.

Critères d'évaluation pour un paragraphe descriptif	Acquis	En voie d'acquisition
– A une phrase d'introduction		
– Utilise des mots descriptifs qui « démontrent » plutôt que simplement « dire ».		
– A une phrase de conclusion		

Date reçue : _____ Tâche : _____

Nom de l'élève : _____

Figure 17 : Tableau de critères pour les élèves

Fournissez aux élèves des occasions de s'exercer :

• Accordez du temps en classe afin que les élèves puissent travailler individuellement ou avec un partenaire en vue de vérifier leur travail en fonction d'une série de critères établis et d'y apporter les modifications requises avant de le remettre.

• Après avoir évalué les travaux en fonction des critères, offrez l'occasion aux élèves de soumettre à nouveau ce travail corrigé ou modifié.

• Invitez les élèves à ajouter une 3e colonne au tableau des critères, intitulée « Merci de remarquer… », afin qu'ils puissent préciser les qualités particulières qu'ils voudraient que l'enseignant prenne en considération dans leur travail (voir la figure 18).

Critères d'évaluation pour : Rapport de laboratoire scientifique	Acquis	En voie d'acquisition	Merci de remarquer…
– La méthode scientifique est complète et facile à suivre.	✓		J'ai réécrit cette section deux fois
– Les données présentées sont justes et bien interprétées.	✓		Remarque les détails dans mes diagrammes et remarque que j'ai inclus un graphique cette fois-ci.
– La conclusion est valable.	✓		

Rencontre demandée ✓   Question(s) :

Date(s) de réception : le 16 octobre   Tâche : Rapport scientifique no 4

Évalué par : ☐ Enseignant
✓ Autoévaluation
☐ Évaluation par les pairs   Élève : André D
☐ Autre

Figure 18 : Exemple de l'élève – Acquis, En voie d'acquisition, Merci de remarquer (Sciences)

LE JUMELAGE AUX COPIES TYPES

Le personnel enseignant affiche quelques exemples de travaux d'élèves (travaux anonymes ou travaux créés par l'enseignant), tels que des lettres ou des cartes géographiques, qui satisfont aux critères d'évaluation selon différents degrés de qualité. Les élèves prennent leur propre travail, puis le jumelle avec la copie type la plus semblable. Les élèves notent les raisons justifiant ce jumelage.

Présentez le but de l'activité au groupe-classe :

« Lorsque vous travaillez sur un projet et que vous n'êtes pas tout à fait certains de ce que vous devez inclure ou à quoi doit ressembler le travail final, cela peut rendre la tâche très difficile. Ceci est encore plus vrai lorsque le travail demandé ne ressemble à rien de ce que vous avez fait avant. Pour vous aider à visualiser les attentes liées à cette tâche, je vais afficher quelques exemples de travaux qui montreront différentes étapes de réalisation et différents degrés de qualité. »

Le contexte de cet exemple est une classe d'études sociales.

Critères d'évaluation pour : la carte géographique	Descriptions / Détails
– la carte est facile à lire et à suivre	– elle est bien dessinée – on peut la lire – on utilise une règle pour écrire droit – elle est propre et soignée
– l'identification des éléments est juste	– les bons éléments s'y trouvent – elle a un titre – utilise des lettres majuscules – l'orthographe est juste
– la carte est complète	– elle est en couleur – toutes les parties s'y trouvent – indique où se trouve le nord – a une légende – tout est identifié

Figure 19a : Critères d'évaluation pour les cartes géographiques

1. Présentez les critères d'évaluation établis (préalablement coconstruits avec les élèves ou développés par l'enseignant) pour la création de cartes géographiques (voir la figure 19a).

2. Affichez deux exemples complétés de cartes géographiques, l'une étiquetée « Copie type 1 » et l'autre, « Copie type 2 ». Ces exemples peuvent avoir été créés par le personnel enseignant ou par des élèves des années précédentes. Les copies types démontreront divers degrés de qualité et d'achèvement (voir la figure 19b).

3. Indiquez les différents degrés de qualité et d'achèvement dans les exemples affichés en utilisant le même vocabulaire que celui des critères d'évaluation établis.

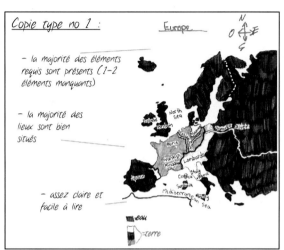

4. Lors de la prochaine leçon, demandez aux élèves de dessiner une carte géographique en veillant à garder en tête les critères d'évaluation établis ainsi que les exemples affichés.

Figure 19b : Copie type d'une carte géographique

5. Encouragez les élèves à comparer leur carte géographique avec les exemples affichés et à jumeler leur travail avec la copie type qui le représente le plus fidèlement. Invitez les élèves à compléter cette phrase : « Je crois que ma carte ressemble le plus à la copie type X parce que… »

6. En groupe-classe, entamez une discussion à partir de questions telles que : « Était-ce facile ou difficile de jumeler votre travail avec l'une des copies types? », « Quelles ont été les raisons pour lesquelles vous avez choisi ce jumelage? », « Qu'auriez-vous besoin de modifier dans votre carte géographique afin qu'elle corresponde à l'une des copies types? »

7. Accordez du temps aux élèves afin qu'ils puissent apporter des modifications à leur carte géographique avant de la remettre.

Fournissez aux élèves des occasions de s'exercer :

• Accordez des occasions fréquentes aux élèves pour qu'ils puissent jumeler leurs travaux à des copies types ayant des formats ou des composantes spécifiques telles que des lettres, des rapports scientifiques, des paragraphes de types variés, des étapes de résolution de problème en mathématiques ou des entrées de journaux de bord.

LA GRILLE D'ÉVALUATION DU RENDEMENT

Le personnel enseignant développe une grille d'évaluation du rendement présentant différents niveaux de qualité pour chaque critère établi. Les élèves identifient quelles descriptions de la grille correspondent le plus à la qualité de leur travail ou de leur rendement.

Présenter le but de l'activité au groupe-classe :

« Les descriptions peuvent vous aider à visualiser à quoi votre travail devrait ressembler une fois terminé. Pour certains des travaux qui vous sont demandés, j'élaborerai une série de descriptions de divers niveaux de qualité et je les consignerai dans une grille d'évaluation du rendement. J'aimerais que vous déterminiez quelles sections de la grille décrivent le mieux votre travail, puis que vous examiniez le prochain niveau de rendement vers lequel vous vous dirigez. »

Figure 20 : Critères pour le travail d'équipe

Critères d'évaluation pour le travail d'équipe
- s'entendre avec les coéquipiers
- échanger des idées
- écouter les autres
- terminer le travail à accomplir
- utiliser un ton de voix qui ne dérange pas les autres groupes

Le contexte de cet exemple est un travail en équipe :

1. Présentez les critères d'évaluation établis (préalablement coconstruits avec les élèves ou développés par l'enseignant) pour le travail d'équipe (voir la figure 20).

2. Donnez à chaque élève une grille d'évaluation du rendement que vous aurez élaborée pour inclure chacun des critères établis en lien avec le travail de groupe.

3. Demandez aux élèves de compléter une tâche en équipe, en prenant en considération les critères établis.

4. En grand groupe, invitez une des équipes à discuter où ils croient se situer sur la grille d'évaluation du rendement, pour chacun des critères. Demandez à l'équipe de présenter des preuves à l'appui de leur positionnement sur la grille.

5. Invitez les élèves à poursuivre leur travail. À la fin de la période, demandez-leur de surligner les sections de la grille qui représentent le plus leur rendement en équipe (voir la figure 21).

Fournissez aux élèves des occasions de s'exercer :

- Invitez les élèves à choisir un des critères de la grille d'évaluation du rendement qu'ils pourraient améliorer.

- Élaborez des grilles d'évaluation du rendement pour diverses tâches. N.B. : Nous voulons que les élèves s'autoévaluent de façon honnête et fidèle. Pour les aider à accomplir ceci, nous développons des grilles d'évaluation du rendement comportant un vocabulaire lié au progrès tel que « débute, développe, a besoin de soutien », plutôt qu'un langage lié à l'échec tel que « faible, inadéquat, non développé ».

N.B. : L'expression latine « *nota bene* » signifie « notez bien » ou « prêtez attention à un point important ».

Critères d'évaluation pour : le travail d'équipe	Grille d'évaluation du rendement		
	3	**2**	**1**
– S'entendre avec les coéquipiers	les membres de l'équipe ont apprécié le travail de groupe	les membres de l'équipe s'entendent bien	la plupart des membres de l'équipe s'entendent avec les autres
– Échanger des idées	tous les membres de l'équipe ont échangé des idées	la majorité des membres de l'équipe ont échangé des idées (certains plus que d'autres)	certains membres de l'équipe ont échangé des idées (il a fallu inviter les autres à communiquer leurs idées)
– Écouter les autres	tous les coéquipiers se sont sentis écoutés	la majorité des membres de l'équipe ont écouté les autres	certains membres de l'équipe ont besoin de rappels afin d'écouter
– Terminer le travail à accomplir	les membres ont achevé tout le travail assigné dans le temps accordé	les membres ont effectué le travail demandé (mais ont dû faire certaines sections du travail avec moins de soin)	le groupe e eu besoin d'un délai supplémentaire pour terminer le travail
– Utiliser un ton de voix qui ne dérange pas les autres groupes	les coéquipiers parlent toujours à voix basse	les coéquipiers parlent à voix basse la plupart du temps	les coéquipiers ont tenté de parler à voix basse (mais des rappels ont été nécessaires)

Rencontre demandée ☐

Date(s) de réception : le 17 octobre

Évalué par : ☐ Enseignant
☑ Autoévaluation
☐ Évaluation par les pairs
☐ Autre

Question(s) : Quel est l'élément sur lequel votre groupe devrait se concentrer la prochaine fois pour vous assurer que votre travail soit achevé à temps?

Tâche : Travail d'équipe – Atelier de poésie

Élève : Marie N., Denis L., Léo C.

Figure 21 : Grille d'évaluation du rendement remplie par l'équipe

LES ACRONYMES

Après avoir établi des critères, avec ou sans l'aide des élèves, le personnel enseignant choisit un acronyme où chaque lettre est associée à l'un des énoncés des critères d'évaluation. Par exemple, l'acronyme LIRE représente les critères suivants : « **L**ivre : Assure-toi d'apporter ton livre », « **I**mmerge-toi dans tes lectures », « **R**édige 5 lignes », « **E**ffectue le tout sans distraire ton entourage ». Les élèves s'autoévaluent en notant les lettres de l'acronyme qui représentent les critères atteints.

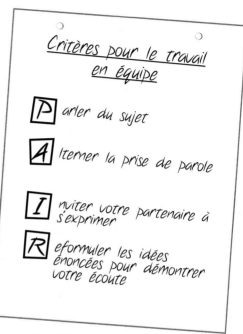

Figure 22 : Acronyme pour le travail en équipe

Présenter le but de l'activité au groupe-classe :

« Afin de nous aider dans nos apprentissages, notre cerveau a besoin de déterminer, peu après la fin d'une tâche, si nous avons réussi ou non cette tâche. Je ne peux pas toujours vous offrir la rétroaction individuelle dont vous avez besoin immédiatement. Une autre façon de recevoir une rétroaction immédiate consiste à utiliser les acronymes représentant les critères d'évaluation que nous avons établis. »

Le contexte de cet exemple est un travail en dyade :

1. Affichez les critères d'évaluation en lien avec le travail d'équipe (voir la figure 22).

2. Faites ressortir chacun des critères en encerclant la première lettre de chaque énoncé : P, A, I, R.

3. Demandez aux élèves d'accomplir une tâche en équipe.

4. Invitez les membres de l'équipe à discuter, puis à dire quelles lettres de l'acronyme ils utiliseraient pour décrire la façon dont ils ont travaillé ensemble. Demandez aux élèves de justifier leur choix.

Fournissez aux élèves des occasions de s'exercer :

* Planifiez des occasions qui permettent aux élèves de s'exercer à l'autoévaluation dans diverses matières (voir les figures 23a, b, c).

* Encouragez les élèves à créer leurs propres acronymes pour les aider à cibler leurs apprentissages.

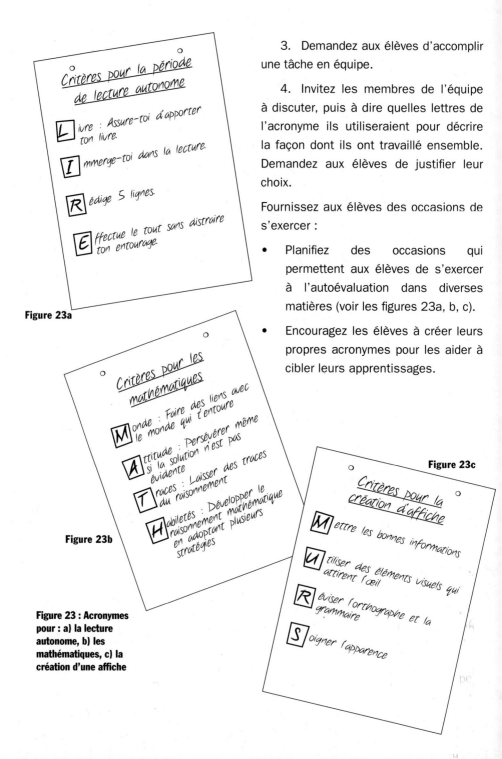

Figure 23a

Figure 23b

Figure 23c

Figure 23 : Acronymes pour : a) la lecture autonome, b) les mathématiques, c) la création d'une affiche

2. La détermination des objectifs

En quoi consiste la détermination des objectifs?

Nous considérons que la détermination des objectifs d'apprentissage personnels est une suite logique à l'autoévaluation. Lorsque les élèves se fixent des objectifs, ils prennent la décision d'atteindre un but, puis ils entreprennent les actions nécessaires pour y parvenir. Nous invitons les élèves à s'autoévaluer afin de les amener à déterminer ce sur quoi ils doivent travailler en priorité. Nous ne voulons pas que l'établissement d'objectifs d'apprentissage personnels devienne un événement déconnecté de ce que les élèves doivent apprendre en classe ni que cela prenne un temps précieux dans un horaire déjà chargé.

Qu'est-ce qu'un objectif à court terme?

Les objectifs d'apprentissage à court terme sont concis et spécifiques. Ils peuvent être établis régulièrement et peuvent être atteints en une courte période de temps. Les sections suivantes décrivent deux méthodes utilisées pour établir des objectifs à court terme.

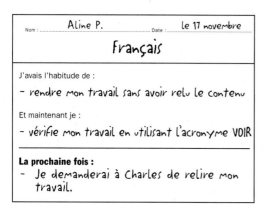

Figure 24a

AJOUTER UNE LIGNE

Nous encourageons les élèves à se fixer des objectifs d'apprentissage personnels à court terme en leur demandant d'utiliser les informations de leur autoévaluation afin de déterminer leur « prochaine étape » ou leur prochain objectif. Nous insérons donc une ligne à une activité d'autoévaluation de façon à ce que les élèves puissent constater que l'établissement d'objectifs personnels est l'étape suivante (voir les figures 24a, b, c).

Figure 24 : a) Ajout d'une ligne à la feuille Avant et Après, b) Ajout d'une ligne aux cartes de preuves, c) Ajout d'une ligne au registre – Format calendrier

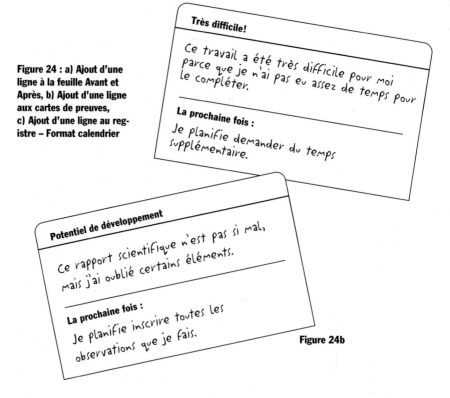

Figure 24b

Registre de : __Les livres lus durant le mois__

septembre

		1 Le pont de Thérabithia (Katherine Patterson)	2	3	4	5
6	7 La chanson de Dicey (Cynthia Voight)	8	9	10 Julie des Loups (Jean George)	11	12
13	14 Magazine jeunesse, p. 17-21	15	16 Les jeux d'Égypte (Z Snyder)	17	18	19
20	21	22	23 Le Bus 666 (Colin Thibert)	24 L'univers des jeunes 10 pages	25	26
27	28	29	30			

Merci de remarquer que : __Je préfère les livres de__
__fiction. Je ne sais pas exactement le nombre de__
__pages que j'ai lues, mais je crois que c'est__
__approximativement 600 pages.__

Et maintenant… __J'aimerais trouver d'autres livres__
__écrits par Colin Thibert.__

Figure 24c

SURLIGNER LES CRITÈRES

Lorsque les élèves connaissent les critères d'évaluation d'une tâche donnée, il est plus facile pour eux de se fixer des objectifs d'apprentissage personnels. Nous demandons aux élèves de surligner les critères d'évaluation qu'ils n'ont pas encore atteints. Ces critères surlignés deviennent alors leurs objectifs à court terme (voir la figure 25).

Critères d'évaluation *pour : les exposés oraux*	*Descriptions / Détails*
– Intéressant pour l'auditoire	*– se montrer intéressé* *– rendre la présentation intéressante* *– être concis* *– utiliser les expériences personnelles* *– faire participer l'auditoire en posant une question*
– Facile à suivre	*– utiliser de petites cartes de notes* *– ralentir le débit* *– utiliser des exemples concrets pour transmettre le message* *– s'assurer qu'il y a une conclusion* *– présenter le sujet dès le début de l'exposé*
– Langage et expressions corporelles	*– lever les yeux et regarder l'auditoire* *– être audible* *– ne pas s'agiter* *– avoir de l'expression* *– se tenir debout droit* *– éviter la monotonie*

Figure 25 :
Surligner les critères

Qu'est-ce qu'un objectif à long terme?

Après l'établissement des objectifs d'apprentissage personnels à court terme, nous demandons à nos élèves de s'arrêter et d'entreprendre une réflexion globale sur ce qu'ils ont accompli dans le cours, de faire un bilan, puis d'identifier les secteurs où ils doivent consacrer du temps et de l'énergie en vue de s'améliorer. Une période d'un à trois mois offre un délai raisonnable pour que les élèves puissent réaliser des améliorations considérables. Voici trois façons d'aider les élèves à se fixer des objectifs d'apprentissage à long terme.

DÉCOMPOSER LES OBJECTIFS

Lorsque nous avons fixé des objectifs d'apprentissage personnels avec nos élèves pour la première fois, nous avons remarqué que la majorité d'entre eux se fixait des objectifs d'ordre plus général. Les élèves n'avaient aucune idée comment s'y prendre et souvent ils se sentaient dépassés et confus avant même de commencer le processus. Afin de leur fournir un point de départ, nous effectuons un remue-méninges en répondant à certaines questions telles que « Comment pouvons-nous nous améliorer dans le domaine de la rédaction? ». En créant ces diverses listes, nous pouvons décomposer les objectifs généraux en unités plus facilement gérables (voir les figures 26a, b, c, d, e). Les élèves peuvent ensuite sélectionner leurs objectifs d'apprentissage personnels à long terme à partir de ces listes.

Comment pouvons-nous nous améliorer dans le domaine de la rédaction?

- écrire tous les jours
- essayer de rédiger divers types de textes tels que des messages, des listes, des journaux de bord, des lettres, etc.
- écrire rapidement les idées sur papier sans trop se soucier de l'orthographe, de la ponctuation et de la propreté du travail (ces éléments seront considérés par la suite)
- garder en tête le destinataire possible; la personne pour qui on écrit le texte (le destinataire pourrait être soi-même)

Figure 26a : Remue-méninges de la classe en lien avec la rédaction

Figure 26b

Comment pouvons-nous nous améliorer dans le domaine de la lecture?

- décider de l'intention de lecture; par exemple, pour s'informer, pour le plaisir ou pour trouver des réponses à certaines questions
- essayer de prédire le contenu
- se poser des questions
- relier les nouvelles idées aux connaissances antérieures
- lire souvent
- utiliser les indices (illustrations, titres, sous-titres) afin de déterminer le sujet du contenu
- lire avec un partenaire
- discuter de nos lectures avec les autres
- relire certaines sections lorsque nous n'en comprenons pas le sens

Figure 26c

Comment pouvons-nous être mieux organisés et utiliser efficacement notre temps?

- terminer les devoirs
- soumettre les travaux dans les délais convenus
- apporter les manuels et le matériel dont nous avons besoin en classe
- arriver à l'heure en classe
- garder toutes les notes, les feuilles de travail et les photocopies ensemble, où il sera facile de les retrouver
- se donner du _temps_ pour faire du travail de qualité sans se précipiter à la fin

Figure 26d

Comment pouvons-nous nous améliorer en mathématiques?

- demander de l'aide au besoin
- créer des cartes à étudier; inscrire la règle d'un côté et un exemple de l'autre
- consulter toutes les cartes, puis rédiger de nouvelles questions
- revoir les erreurs commises dans les travaux précédents afin de comprendre ce qui était fautif; au besoin, demander à une autre personne de nous aider à comprendre ces erreurs
- travailler avec un partenaire
- se concentrer sur un type de questions

Figure 26e

Comment pouvons-nous être plus efficaces lorsque nous étudions en vue d'un test?

- demander à notre enseignant ce qui sera évalué
- dans le cahier de notes, surligner la terminologie ou les termes particuliers sur lesquels l'enseignant a insisté
- étudier et s'exercer avec un partenaire
- rédiger des questions qui pourraient se trouver dans le test, puis tenter d'y répondre
- réviser les tests antérieurs ou les guides d'étude afin de s'exercer
- créer des cartes d'étude sur lesquelles on trouve une question d'un côté et la réponse de l'autre

Figures 26b, c, d, e : Remue-méninges de la classe pour b) la lecture, c) l'organisation, d) les mathématiques, e) l'étude

LES CADRES DE PLANIFICATION

Par modelage, nous montrons aux élèves comment remplir des cadres de planification afin qu'ils puissent voir comment ceux-ci peuvent les aider à se fixer des objectifs d'apprentissage personnels à long terme. Ensuite, nous aidons les élèves à concevoir leurs propres cadres de planification (voir les figures 27a, b, c, d).

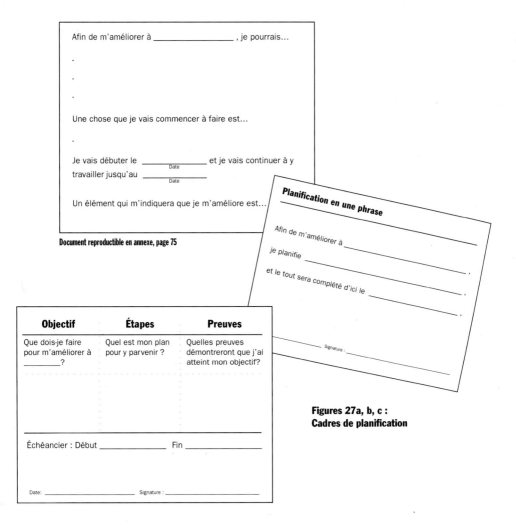

Figures 27a, b, c :
Cadres de planification

Portrait

Quel est ton objectif
d'apprentissage général?
Que veux-tu être capable
d'accomplir?

Partie

Quelle partie spécifique de
l'objectif voudras-tu attaquer
en premier?

Plan

Comment vas-tu atteindre ton
objectif?
Dans combien de temps
atteindras-tu ton objectif?

Partenaire

Qui t'appuieras dans ton
initiative afin que tu puisses
continuer à aller de l'avant?

Performance

Montre ce que tu sais faire
maintenant et que tu ne
pouvais pas faire par le passé.

Figure 27d : Cadre de planification   Extrait de : *Recognition Without Rewards*

POSER DES QUESTIONS

Nous avons constaté que lorsque les élèves travaillent avec d'autres dans le but de clarifier, de parfaire et de faire le suivi de leurs objectifs d'apprentissage personnels à long terme, ils sont plus susceptibles de voir la valeur du processus d'établissement des objectifs. Nous accordons du temps en classe, à des moments différents, afin que les élèves puissent vivre des entrevues avec les pairs (voir la figure 28), des entrevues avec l'enseignant (voir la figure 29) et accomplir une autorévision de leur plan relatif à l'atteinte de leurs objectifs d'apprentissage (voir la figure 30).

Entrevue avec les pairs

– Est-ce que ton objectif est réaliste?

– Est-ce que la période de temps ciblée pour l'atteinte de l'objectif est raisonnable?

– Que vont remarquer les autres (p. ex. : parents, amis, enseignant) lorsque tu t'amélioreras?

– Que pourras-tu dire/montrer aux autres qui prouvera que tu travailles à l'atteinte de ton objectif?

– Qui selon toi pourrait t'aider dans l'atteinte de ton objectif?

Figure 28 : Questions d'entrevue par les pairs

Entrevue avec l'enseignant

Comment cela se passe-t-il jusqu'à présent en ce qui concerne l'atteinte de ton objectif d'apprentissage personnel?

Dois-tu apporter des changements?
             p. ex. : à la période de temps ciblée
                      à l'objectif lui-même
                      aux étapes pour l'atteindre

Comment puis-je t'aider?

Figure 29 : Question d'entrevue avec l'enseignant

Autorévision de l'élève

Qu'ai-je appris en travaillant à l'atteinte de mon objectif d'apprentissage?

Quel a été le plus grand obstacle?

Qu'est-ce qui m'a le plus aidé au long de ce processus?

Figure 30 : Autorévision de l'élève
Document reproductible en annexe, page 76

3. Questions et réponses

Q. L'autoévaluation et la détermination des objectifs prennent du temps. Comment puis-je intégrer ces éléments dans mon horaire déjà chargé? (personnel enseignant)

R. Les processus d'autoévaluation et de détermination des objectifs d'apprentissage personnels prennent en effet du temps. Le personnel enseignant qui choisit de prendre du temps en classe pour enseigner aux élèves les habiletés d'autoévaluation et de détermination d'objectifs croit que ce temps est bien investi, car les élèves apprennent à identifier leurs propres forces et besoins. De plus, ils peuvent mieux déterminer les prochaines étapes; de là, leur rendement s'améliore. Pour nous, l'implication des élèves dans les processus d'autoévaluation et d'établissement d'objectifs est devenue une partie intégrante de notre enseignement et ne constitue pas une surcharge de travail.

Q. J'ai tenté d'impliquer mes élèves dans le processus d'évaluation de leur propre travail, mais ils n'ont pas pris cela au sérieux; ils ont écrit n'importe quoi. Comment puis-je changer cette situation? (personnel enseignant)

R. Les élèves ont non seulement besoin d'apprendre à évaluer leur apprentissage, mais ils ont aussi besoin de savoir *pourquoi* et *comment* cela va les aider. Par modelage, les enseignants doivent montrer le processus aux élèves et leur présenter des exemples en facilitant l'intégration du vocabulaire associé à l'autoévaluation. Les enseignants doivent aussi informer leurs élèves de ce qui est attendu d'eux. Lorsque les élèves comprennent comment l'autoévaluation et l'établissement des objectifs sont directement liés à leur apprentissage et comment le personnel enseignant utilise les données de l'autoévaluation, ils deviennent plus engagés et habiles à s'évaluer.

Q. Quelle est la différence entre l'autoévaluation formative et l'autoévaluation sommative?
(personnel enseignant)

R. L'évaluation formative et l'évaluation sommative ont des significations et des visées différentes. L'évaluation formative consiste à recueillir des renseignements sur le rendement de l'élève; l'évaluation sommative consiste à examiner toutes les données recueillies et à porter un jugement professionnel sur le rendement individuel. Nous utilisons le terme *autoévaluation formative*, car nous voulons que les élèves réfléchissent sur leur propre apprentissage et qu'ils recueillent des renseignements sur celui-ci et non qu'ils portent un jugement. Lorsque les élèves évaluent leur propres travaux, ils décrivent leur apprentissage, associent leur travaux à des copies types, utilisent des grilles d'évaluation du rendement en tenant compte des critères d'évaluation établis. Nous ne demandons pas à nos élèves d'évaluer leur travail en s'attribuant des nombres, des pourcentages ou des cotes. Ces types de jugement viennent plutôt entraver l'apprentissage puisque les élèves se concentrent alors sur ces notes et tendent à se classer en relation aux autres élèves plutôt que de miser sur leur propre apprentissage et progrès. L'apprentissage s'enrichit lorsque les élèves sont conscients de leurs forces, qu'ils comprennent quels sont les aspects sur lesquels ils doivent travailler et qu'ils sont capables de se fixer des objectifs d'apprentissage personnels. Pour ces raisons, nous demandons à nos élèves de procéder à une autoévaluation formative de leurs travaux et non à une autoévaluation sommative.

Q. Comment utilise-t-on les données de l'autoévaluation formative en relation avec les notes? (administrateur)

R. Les preuves que les élèves recueillent en lien avec leur propre apprentissage ne représentent qu'une seule composante des données que nous utilisons pour évaluer. Nous recueillons également une série de productions créées par les élèves, une série d'observations sur le développement de leurs habiletés et sur l'amélioration de leur rendement, en plus des informations recueillies lors de nos rencontres individuelles (nos entrevues) avec les élèves. Lorsque nous examinons toutes ces informations, y compris les données de l'autoévaluation formative, nous obtenons un portrait plus complet sur lequel fonder notre jugement lors de l'évaluation de l'apprentissage. Nous voulons que les élèves soient engagés dans le processus d'autoévaluation afin qu'ils puissent recueillir les informations en lien avec leur propre apprentissage. C'est notre devoir de procéder à l'évaluation sommative en utilisant les données des évaluations formatives (y compris celles des autoévaluations formatives des élèves) afin de porter un jugement professionnel sur le rendement individuel et, lorsque que cela est nécessaire, d'attribuer une note ou une cote.

Q. Pourquoi devrais-je me fixer des objectifs d'apprentissage personnels? De toute façon, je ne pourrai pas apprendre tout ce matériel. (élève)

R. Cette question et ce témoignage illustrent un enjeu majeur, particulièrement parmi des élèves des paliers élémentaire et secondaire, en ce qui concerne les perceptions qu'ont les élèves quant à leur propre apprentissage. Nous avons constaté que nous devons prendre du recul et travailler avec les élèves afin de les aider à comprendre quelques principes au sujet de l'apprentissage. Leurs perceptions étaient souvent fondées sur l'idée que nous sommes nés « intelligents », « moyennement intelligents » ou « peu intelligents ». Ils ne présumaient pas que le fait de déployer des efforts soutenus, de développer de meilleures habiletés d'organisation, de consacrer plus de temps à une tâche ou de se concentrer sur une ou deux habiletés pouvait influer sur leur apprentissage. Nous travaillons donc avec nos élèves afin qu'ils prennent conscience que certaines actions peuvent améliorer leur apprentissage. Nous discutons de la façon dont les individus apprennent de différentes manières et selon leur propre rythme. Si nous ne prenons pas le temps de discuter des perceptions que nos élèves apportent avec eux en classe, certains d'entre eux percevront l'établissement des objectifs comme une autre activité sur laquelle ils n'ont aucun contrôle.

Q. Qu'arrive-t-il lorsque l'autoévaluation formative d'un élève diffère de mon évaluation? (personnel enseignant)

R. Lorsqu'un élève présente une autoévaluation formative qui diffère significativement notre évaluation, nous demandons une courte rencontre avec celui-ci. L'enseignant pourrait mentionner : « J'aimerais voir les preuves qui attesteraient des résultats de ton autoévaluation » ou « Peux-tu me parler des raisons qui motivent ton autoévaluation ? » Une rencontre individuelle avec l'élève fournit à l'élève aussi bien qu'à l'enseignant de nouvelles perceptions ou de nouvelles notions permettant de clarifier les éléments qui prêtent à confusion.

Q. Est-ce que les élèves sont les seuls à établir des objectifs d'apprentissage personnels? Puis-je aussi déterminer des objectifs d'apprentissage pour mes élèves? (personnel enseignant)

R. Pendant plusieurs années, nous avons déterminé les objectifs d'apprentissage pour nos élèves. Un énoncé tel que « Jérémie doit consacrer plus de temps afin de terminer ses devoirs et il doit faire de la lecture en soirée afin de s'améliorer » en est un bon exemple. Toutefois, pour de nombreux parents et élèves, cet énoncé n'était qu'une simple ligne inscrite au bulletin : il n'y avait aucun contrôle, aucun suivi et aucune reconnaissance des acquis. Lorsque nous interrogions les élèves au sujet des objectifs d'apprentissage que nous avions ciblés pour eux, bien souvent, ils ne se souvenaient pas des objectifs, ne les comprenaient pas ou n'avaient aucune idée comment les atteindre. Les élèves ne s'appropriaient pas les objectifs et n'étaient pas motivés. Aujourd'hui, nous voulons impliquer nos élèves dans l'établissement des objectifs d'apprentissage personnels, car cela conduit à l'appropriation et les élèves sont plus susceptibles de s'impliquer. Nous avons également observé que notre temps est mieux investi lorsque nous enseignons aux élèves les habiletés qui leur permettent de se fixer des objectifs personnels.

Q. Mon enfant me dit qu'il évalue son propre travail. N'est-ce pas le travail de l'enseignant d'évaluer le travail des élèves? (parent)

R. En effet, nous évaluons les élèves en recueillant des échantillons de travail qui illustrent leur rendement et qui nous permettent de déterminer ce qu'ils connaissent, où se situent les lacunes dans leur apprentissage et quelles sont leurs prochaines étapes. De plus, nous demandons à nos élèves d'évaluer eux-mêmes certains de leurs travaux, car la recherche démontre que le rendement des élèves s'améliore lorsqu'ils sont impliqués dans le processus d'autoévaluation. Une recherche majeure (Black et Wiliam, 1998) indique que, pour améliorer le rendement, « les élèves devraient être entraînés à s'autoévaluer afin qu'ils puissent comprendre le principal objectif de leur apprentissage et de ce fait mieux saisir ce qu'ils doivent accomplir pour réussir » (p. 10; traduction libre). Cette étude révèle également que lorsque les élèves s'impliquent dans un processus d'autoévaluation, le rendement de tous les élèves s'améliore, particulièrement celui des élèves qui éprouvent des difficultés d'apprentissage. Puisque nous voulons que les élèves bénéficient des meilleures possibilités d'apprentissage, nous les impliquons régulièrement dans diverses activités d'autoévaluation. L'évaluation formative diffère cependant de l'évaluation sommative, puisque cette dernière demande de porter un jugement professionnel éclairé sur la qualité du rendement global des élèves. Ce jugement demeure toutefois la responsabilité de l'enseignant.

Conclusion

Lorsque nous impliquons les élèves dans le processus d'autoévaluation formative et d'établissement d'objectifs d'apprentissage personnels, ceux-ci développent une conscience et une compréhension accrues de leur propre apprentissage et apprennent à se donner une rétroaction descriptive, un élément essentiel à l'apprentissage. Ce qui est important pour nous est l'implication des élèves dans un processus d'autoévaluation et d'établissement d'objectifs d'apprentissage personnels afin de favoriser l'apprentissage de tous les élèves.

L'autoévaluation et la détermination des objectifs est le deuxième livre de la série « Savoir ce qui est important », qui compte trois livres décrivant diverses façons d'impliquer les élèves dans tous les aspects de l'évaluation formative. La série comprend également les livres suivants : *Établir et utiliser des critères* (livre 1) ainsi que *Les conférences et la communication du rendement* (livre 3). Le point de mire de chaque livre porte sur les pratiques d'évaluation à privilégier pour soutenir l'apprentissage de tous les élèves.

Annexes : Documents Reproductibles

Note : Les pages suivantes peuvent être reproduites pour l'utilisation en salle de classe. Afin d'agrandir celles-ci dans un format régulier, programmer le photocopieur à 133 pourcent en alignant le haut de la page du livre avec la bordure correspondante de la surface vitrée du photocopieur.

Le point qui porte à confusion	Ce dont je me souviens
Le point qui porte à confusion pour _____ est :	Énumère trois éléments de la dernière leçon dont tu te souviens : – – –

Billet de sortie	Toile d'un mot
Deux notions apprises : – – Une question que je me pose : –	

À mettre à la poubelle!

Voici deux raisons pour lesquelles ce travail devrait
aller à la poubelle :

Si j'avais à refaire le travail, je....

Date : _____ Signature : _____

Une première

La partie la plus difficile était...

La partie la plus facile était...

Date : _____ Signature : _____

Potentiel de développement

Je planifie continuer ce travail parce que...

Date : _____ Signature : _____

Amélioration

Ce travail montre que je me suis amélioré(e)...

Date : _____ Signature : _____

En voie d'acquisition

Je crois que je commence à...

Merci de remarquer...

Date : _____ Signature : _____

Mon préféré

Ce travail est mon préféré parce que...

Date : _____ Signature : _____

Persévérance

J'ai vraiment déployé des efforts pour...

Merci de remarquer...

Date : _____   Signature : _____

Surprise

Ce travail m'a surpris parce que...

Date : _____   Signature : _____

Collaboration

Voici un travail fait en collaboration avec...

Le meilleur aspect du travail en collaboration est...

Date : _____   Signature : _____

Nom : .... Date : ....

J'avais l'habitude de :

Et maintenant je :

Signet pour : _____ **Nom :** _____

Date : _____

· ·

Merci de remarquer….

Réponse de l'enseignant :

Registre pour les jeux-questionnaires

Nom : _____   Semestre : _____

Sujet / Domaine : _____

Date	Sujet du quiz	Score	Commentaires

Note d'information sommaire

Signature : _____

Date : _____

Afin de m'améliorer à _____ , je pourrais...

–

–

–

–

–

Une chose que je vais commencer à faire est...

Je vais débuter le _____ et je vais continuer à y
                         Date

travailler jusqu'au _____
                        Date

Un élément qui m'indiquera que je m'améliore est...

Autorévision de l'élève

Qu'ai-je appris en travaillant à l'atteinte de mon objectif d'apprentissage?

Quel a été le plus grand obstacle?

Qu'est-ce qui m'a le plus aidé au long de ce processus?

Bibliographie

Angelo, T.A. et Cross, K.P. 1993. *Classroom Assessment Techniques: A Handbook for College Teachers*, 2e éd. San Francisco, CA, Jossey-Bass Publishers.

Black, P. et Wiliam, D. 1998. « Assessment and classroom learning ». *Assessment in Education*. Vol. 5(1), p. 7-75.

Black, P. et Wiliam, D. 1998. « Inside the black box: Raising standards through classroom assessment ». *Phi Delta Kappan*. Vol. 80(2), p. 1-20.

Cameron, C., Tate, B., Macnaughton, D. et Politano, C. 1999. *Recognition without Rewards*. Winnipeg, MB, Peguis Publishers.

Gregory, K., Cameron, C. et Davies, A. 2011. *Setting and Using Criteria*, coll. « Knowing What Counts », 2e éd. Courtenay, C.-B., Connections Publishing.

Preece, A. 1995. « Involving students in self-evaluation ». Dans A. Costa et B. Kallick. *Assessment in the Learning Organization*. Alexandria, VA, ASCD.

Stiggins, R. 2004. *Student-Involved Assessment for Learning*, 4e éd. Upper Saddle River, NJ, Pearson Prentice Hall.

Kathleen Gregory, B.A., M. Éd., possède plus de 30 ans d'expérience en enseignement aux paliers secondaire, primaire et intermédiaire. Experte des pratiques d'évaluation et des stratégies en matière de littératie, elle a agi à titre de coordonnatrice du programme d'enseignement en plus d'œuvrer en tant qu'enseignante auxiliaire auprès d'enseignantes, d'enseignants et d'équipes scolaires intégrant des élèves ayant des besoins particuliers. Autrefois enseignante-résidente à l'Université de Victoria, Kathleen Gregory est présentement instructrice de cours de littératie et de pratiques évaluatives destinés aux enseignants en formation. Elle agit également à titre de consultante auprès de plusieurs conseils scolaires désireux de développer des approches en lien avec les rencontres d'élèves, la communication du rendement et les stratégies d'évaluation authentiques.

Caren Cameron, M. Éd., a œuvré en tant qu'enseignante, directrice des programmes d'enseignement en plus d'être chargée de cours à l'Université de Victoria. À l'heure actuelle, elle est consultante en éducation et travaille auprès de conseils scolaires partout au Canada. Elle aborde avec eux divers sujets tels que l'évaluation et le leadership. Elle est également coauteure d'une douzaine de livres pratiques parmi lesquels on compte une série destinée à ses collègues des paliers primaire et intermédiaire, laquelle est intitulée *Voices of Experience.*

Anne Davies, Ph.D., est chercheure, rédactrice et consultante. Elle a été enseignante, administratrice scolaire, leader du système éducatif et a enseigné à différentes universités canadiennes et américaines. Elle est auteure de plus de 30 manuels et ressources multimédias, en plus de plusieurs articles et chapitres de livres. Elle est l'auteure et la coauteure de livres à succès, parmi lesquels se trouvent *L'évaluation en cours d'apprentissage* et des livres de la série « Savoir ce qui important » ainsi que « Leaders ». Récipiendaire de la bourse Hilroy Fellowship for Innovative Teaching, Anne Davies continue de soutenir ses collègues dans l'approfondissement de leurs connaissances de l'évaluation au service de l'apprentissage et au service des apprenants.

Ressources disponibles auprès de connect2learning

Les livres et les ressources multimédias ci-dessous sont disponibles auprès de connect2learning. Nous offrons des tarifs dégressifs pour les achats en grande quantité.

Ressources aux fins d'évaluation en classe

La collecte de preuves et les portfolios : la participation des élèves
à la documentation pédagogique... ISBN 978-1-928092-09-4

Making Physical Education Instruction and Assessment Work .... ISBN 978-1-928092-08-7

Collecting Evidence and Portfolios: Engaging Students in Pedagogical
Documentation... ISBN 978-1-928092-05-6

Grading, Reporting, and Professional Judgment in Elementary Classrooms.. ISBN 978-1-928092-03-2

Making Writing Instruction Work .... ISBN 978-1-928092-02-5

Making Classroom Assessment Work – Third Edition .... ISBN 978-0-9867851-2-2

L'évaluation en cours d'apprentissage .... ISBN 978-2-7650-1800-1

Quality Assessment in High Schools: Accounts From Teachers .... ISBN 978-0-9867851-5-3

A Fresh Look at Grading and Reporting in High Schools .... ISBN 978-0-9867851-6-0

Setting and Using Criteria – Second Edition .... ISBN 978-0-9783193-9-7

Établir et utiliser des critères – Deuxième édition .... ISBN 978-0-9867851-7-7

Self-Assessment and Goal Setting – Second Edition .... ISBN 978-0-9867851-0-8

L'autoévaluation et la détermination des objectifs - Deuxième edition .... ISBN 978-0-9867851-9-1

Conferencing and Reporting – Second Edition .... ISBN 978-0-9867851-1-5

Rencontres et communication de l'apprentissage - Deuxième édition .... ISBN 978-1-928092-00-1

Ressources pour les facilitateurs et les dirigeants

Residency: Powerful Assessment and Professional Practice .... ISBN 978-0-928092-04-9

Lesson Study: Powerful Assessment and Professional Practice .... ISBN 978-0-9867851-8-4

Leading the Way to Assessment for Learning: A Practical Guide .... ISBN 978-0-9867851-3-9

Transforming Schools and Systems Using Assessment:
A Practical Guide .... ISBN 978-0-9867851-4-6

Protocols for Professional Learning Conversations .... ISBN 978-0-9682160-7-1

When Students Fail to Learn .... ISBN 978-0-9783193-7-3

Assessment for Learning K-12 (Multimedia) .... ISBN 978-0-9783193-8-0

Assessment of Learning: Standards-Based Grading and Reporting
(Multimedia) .... ISBN 978-0-9736352-8-7

Facilitator's Guide to Classroom Assessment K-12 (Multimedia) .... ISBN 978-0-9736352-0-1

Pour commander

Téléphone : (800) 603-9888 (sans frais en Amérique du Nord)
(250) 703-2920

Télécopieur : (250) 703-2921

Courriel : books@connect2learning.com

Site web : www.connect2learning.com

Courrier : connect2learning
2449D rue Rosewall
Courtenay, C.-B., V9N 8R9
Canada

connect2learning tient des événements, des ateliers et des cyberconférences sur l'évaluation et d'autres sujets liés à l'éducation, aussi bien pour les enseignants que les dirigeants d'école et d'arrondissements scolaire. Veuillez communiquer avec nous pour obtenir le catalogue complet de nos ressources.